¡ABRE LOS OJOS Y APRENDE!

Ciudades

BLACKBIRCH®
PRESS

THOMSON

GALE

San Diego • Detroit • New York • San Francisco • Cleveland
New Haven, Conn. • Waterville, Maine • London • Munich

For more information, contact
The Gale Group, Inc.
27500 Drake Rd.
Farmington Hills, MI 48331-3535
Or you can visit our Internet site at http://www.gale.com

LIBRARY OF CONGRESS CATALOGING-IN-PUBLICATION DATA

Nathan, Emma.
  [Cities. Spanish]
  Ciudades / by Emma Nathan.
    p. cm. — (Eyeopeners series)
Includes index.
Summary: Briefly describes famous cities in several countries of the world, including Paris, Johannesburg, Copenhagen, Madrid, and Singapore.
  ISBN 1-41030-017-X (alk. paper)
  1. Cities and towns—Juvenile literature. [1. Cities and towns. 2. Spanish language materials.] I. Title. II. Series: Nathan, Emma. Eyeopeners series. Spanish.

HT152 .N3818 2003b
307.76—dc21
                             2002152585

Printed in United States
10 9 8 7 6 5 4 3 2 1

CONTENIDO

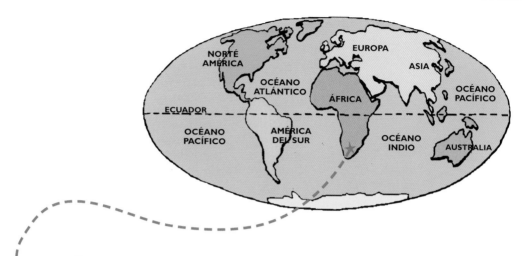

SUDÁFRICA

Sudáfrica está en el continente africano. Es el país más meridional de África.

Johannesburgo es una de las ciudades más grandes de Sudáfrica.

En Johannesburgo hay 11 idiomas oficiales.

Johannesburgo tiene muchos apodos. Unos la llaman "Jo-burg"; para otros es "Jozi."

◀ **El centro de Johannesburgo**

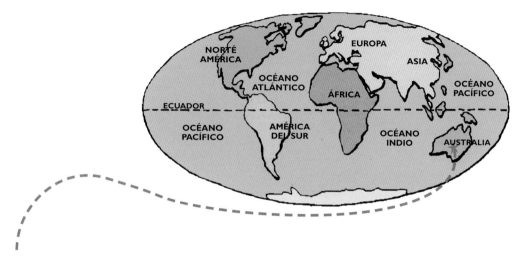

AUSTRALIA

Australia es un continente por sí sola.

Es una gran isla en el Pacífico del sur.

Sydney es una gran ciudad portuaria en Australia.

Sydney es la ciudad más grande y más vieja de Australia. Viven en ella más de 4 millones de personas.

El Teatro de la Opera, de Sydney es el edificio más famoso de la ciudad.

◀ **El teatro de la Ópera en la bahía en Sydney**

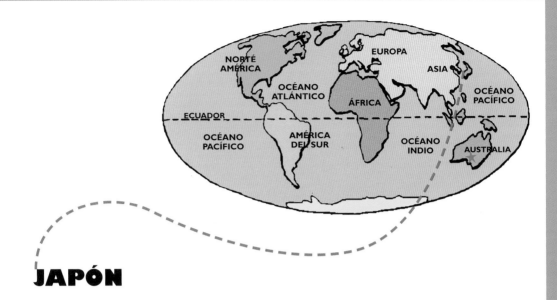

JAPÓN

Japón es parte del continente asiático.

El país está formado por 4 islas principales.

La ciudad capital de Japón es Tokio. Es también la ciudad más grande del país.

En Tokio viven más de 8 millones de personas.

Tokio está en la isla más grande de Japón, llamada Honshu.

◀ **Tokio de noche**

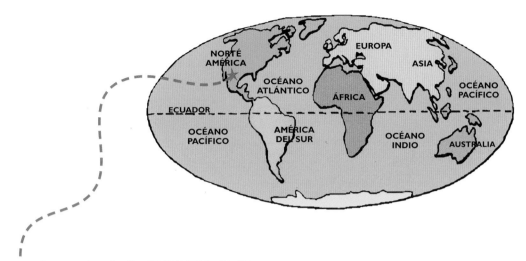

ESTADOS UNIDOS

Estados Unidos está en el continente norteamericano.

El país está formado por 50 states. Uno de ellos es Illinois.

La ciudad más grande de Illinois es Chicago.

Chicago tiene cerca de 3 millones de habitantes.

El apodo que se le da a Chicago es "La Ciudad del Viento".

◀ Vista aérea de Chicago

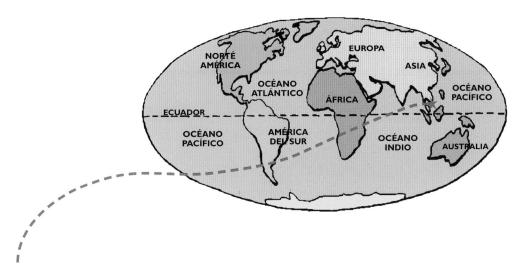

SINGAPUR

Singapur es parte de Asia. Es una nación isleña en el Océano Pacífico.

La isla está situada cerca del ecuador.

La ciudad capital de Singapur se llama también Singapur.

En Singapur viven más de 3.5 millones de habitantes.

Singapur es una ciudad muy moderna.

◀ **Horizonte de Singapur**

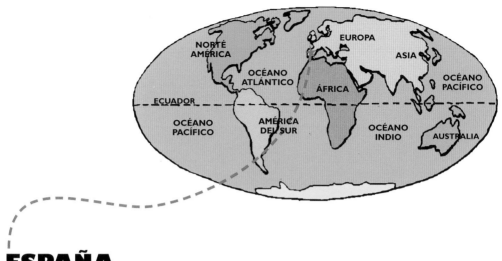

ESPAÑA

España está en el continente europeo.

La ciudad más grande de España es Madrid. Viven en ella más de 5 millones de habitantes.

Madrid es también la capital de España.

Madrid es la ciudad capital más alta de toda Europa.

Madrid tiene también la plaza de toros más grande del mundo.

◀ **Plaza en Madrid**

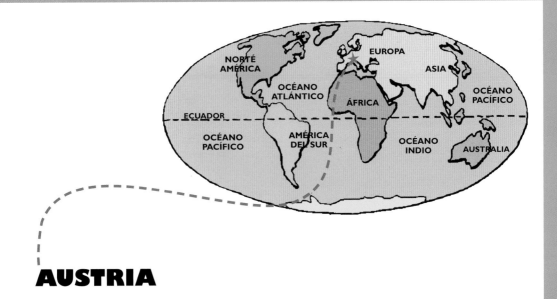

AUSTRIA

Austria está en el continente europeo.

La capital de Austria es Viena. Viven en Viena más de 1.5 millones de habitantes.

Viena es una ciudad muy antigua. Ha existido como ciudad durante casi 900 años.

Viena es famosa por su ópera y su comida, en especial sus pasteles.

◀ **Tejados de Viena**

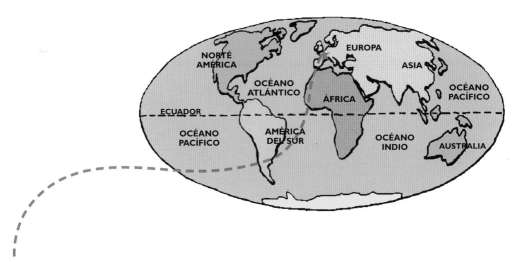

FRANCIA

Francia está en el continente europeo.

La ciudad capital de Francia es París. En París viven más de 2.2 millones de habitantes.

París es una de las ciudades más famosas del mundo.

En París está la Torre Eifel.

El famoso cuadro de la *Mona Lisa* está en un gran museo de París.

◀ **París, desde arriba**

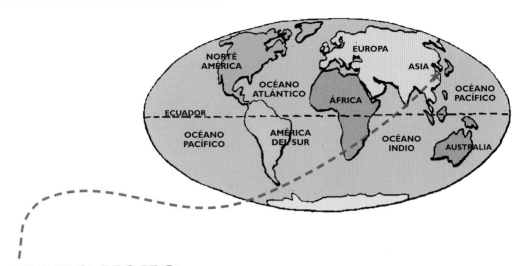

HONG KONG

Hong Kong es parte del continente asiático.

Parte de Hong Kong está pegada a China. Otra parte es un grupo de islas inmediatamente frente a la costa de China.

Inglaterra gobernó a Hong Kong por muchos años. En 1997, el gobierno de Hong Kong fue devuelto a China.

La ciudad más grande de Hong Kong es Victoria. Está en la isla de Hong Kong.

Hong Kong es uno de los sitios más poblados del mundo.

◀ **Silueta de Hong Kong**

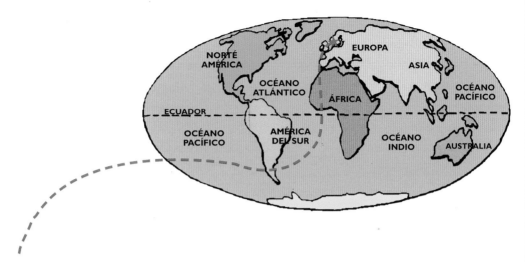

DINAMARCA

Dinamarca es parte del continente europeo. Está en el norte de Europa, cerca de Suecia.

Dinamarca es una nación de islas y una península.

La ciudad capital de Dinamarca es Copenhague. Está en isla más grande, llamada Zelanda.

En Copenhague viven cerca de 2 millones de habitantes.

◀ **Escena de Copenhague**

ÍNDICE

PARA MÁS INFORMACIÓN

Direcciones de Internet

Cities.com
http://www.cities.com

Ciudades históricas
http://historic-cities.huji.ac.il

Lonely Planet Online
http://www.lonelyplanet.com

Libros

Ember, Carol and Melvin, editors. *Encyclopedia of Urban Cultures: Cities and Cultures Around the World.* Danbury, CT: Grolier Educational Group, 2002.